LE COMTE D'ARTOIS

A L'AGONIE,

A LA SUITE DE SA CONFESSION.

RÊVE D'UN MEMBRE DU CLERGÉ.

————

1789.

LE COMTE D'ARTOIS

A L'AGONIE

A LA SUITE DE SA CONFESSION.

REVE D'UN MEMBRE DU CLERGÉ.

Qu'on dife maintenant que les miracles font impoffibles !... qui l'auroit jamais cru de voir la nobleffe s'humanifer & le clergé avoir de la raifon, après les crifes violentes & les crifpations de nerfs qu'avoit caufées à ces meffieurs la feule idée de travailler au bien public ; pouvoit-on efpérer que ces derniers fur-tout commenceroient enfin à n'être plus dangereux & nuifibles, & à fe détacher des biens d'ici-bas, de ces tréfors funeftes avec qui ils fembloient avoir acheté la difpenfe d'être citoyens ; enfin les voilà guéris de l'orgueil, ils s'humilient devant la nation, les voilà guéris de la luxure,

A 2

(4)

ils n'auront plus d'argent pour payer des filles, ou féduire des femmes; les voilà guéris de la pareffe, ils n'auront plus le moyen de vivre à rien faire : en vérité, l'affemblée nationale ôte les péchés du monde; il ne refteroit plus qu'une petite bagatelle à obtenir d'eux, ce feroit qu'ils fe marient, de peur que, ne pouvant plus entretenir leurs maîtreffes, ce ne foit comme dans l'évangile, *& pofteriora ejus fiunt pejora prioribus*, ce qui veut dire à peu-près en bon françois, que ce feroit pis que par-devant. O miracle inefpéré, miracle qui fauve des membres précieux d'ailleurs, mais que la fatale contagion avoit paru vouloir gagner un inftant : quel dommage en effet de voir tomber malades & l'évêque de Rhod... & l'abbé de Mont. & l'abbé.. ! Quel nom vais - je écrire ? quoi, vous avez été attaqué auffi ? vous qui paroiffiez avoir pris un antidote contre l'intérêt perfonnel dans le commerce du duc d'Orléans, vous qui, nourri de patrio-tifme, paroiffiez avoir une conftitution à l'épreuve, & le citoyen Grégoire lui-même, dont la santé a été un instant obscurcie.... O sagesse humaine ! tu n'es donc pas en garde contre toutes les folies ? Enfin, Dieu soit loué, ils sont tous guéris ; le fait est sûr, le miracle est avéré ; mais quel saint l'a fait ? le diable m'emporte si je m'en doute.

Du temps que Sainte-Genevieve faisoit des miracles, j'aurois jetté mes soupçons sur elle, car la bonne sainte a toujours eu un foible pour être utile au clergé ; mais son district ne s'est apperçu qu'elle ait donné autre signe d'intérêt à la chose publique que de remuer les pieds, disent les bonnes femmes qui ont eu l'honneur de l'approcher de plus près ; je crois bien qu'une vierge, en remuant les pieds, peut faire avec le clergé de fort jolis miracles ; mais Sainte-Genevieve est si vieille, & le clergé a si peu le temps de rire.... Tourmenté de ces pensées, je me couchai perplexe, & je me disois, à part moi, mon Dieu, s'il y avoit encore des oracles ; je

A 3

ne connois rien à cette maladie & gué-
rifon du clergé ; peut-être que le diable
pourroit m'en dire quelque chofe . . . . .
Je dis, & je m'endormis. Pendant mon
fommeil, un génie de belle apparence qui
fouloit aux pieds des chaînes, des cou-
ronnes de princes, de comtes, de mar-
quis, &c. &c. m'apparut & me dit : Tu
as des idées affez peu monacales, tu fais
un fort bon citoyen, malgré l'habit que
tu portes, & tu mérite d'être inftruit. La
deftinée de ton corps eccléfiaftique étoit
liée par des talifmans fecrets à celle des
ariftocrates ; tu fais comme la plupart des
talifmans ont été brifés : leur dernier &
leur plus ferme efpoir les abandonne, le
charme va fe rompre & tout va bien aller ;
tiens, prends & lis, & connois la vérité.
Il me fembla alors que je recevois un pa-
pier barbouillé d'écriture où je n'entendois
rien. Je me réveille , & à mon grand
étonnement, je me trouve poffeffeur d'un
çahier efpagnol , que je traduis à l'aide

d'un ami, & qui contient ce que l'on va lire.

Journal circonstancié de la maladie & agonie de S. A. S. Mgr. le C. d'Artois.

On est sans doute instruit à Paris de l'effort qu'a fait Mgr. le comte d'Artois pour faire à notre grand inquisiteur l'aveu des iniquités nombreuses qui avoient attiré sur son altesse le fardeau de la haine publique ; les suites de cette conversion auront pu être, par la très-grande miséricorde de Dieu, au profit de son ame, mais elles ont bien dérangé la santé de son corps. Soit que la victoire pénible qu'il lui a fallu remporter sur son caractere ennemi du joug, & la lutte de son cœur contre sa fortune, aient rompu l'équilibre de ses humeurs ; soit que les opprobres, dont il a été rassasié dans sa route, lui aient causé une révolution de bile noire, ou que les fatigues du voyage aient dissous ses membres délicats ; au fortir du tribunal, une foibleffe l'a pris, on l'a porté dans fon lit; la fievre s'eft déclarée avec des caracteres effrayans. Il paroît même que ce voluptueux prince à été affez infortuné pour tomber plufieurs fois dans les bras des rudes fervantes d'auberge, dont la vigueur groffiere a cruellement écorché fa peau fine, & lui a fait fentir plus amérement la perte des fuperbes tétons de fa Toinon, & des membres difpos de la Polignac, toujours fi douce & fi favante, de quelque côté qu'on la prît. Dans ce malheur fes anciennes plaies fe font r'ouvertes, le mal affreux dont il configne l'aveu, page 17 de fa confeffion, a fait bouillonner la moëlle de fes os, & un poifon trop connu du prince a dévoré fes reins. Le premier accident a été un délire bien caractérifé, & un violent tranfport au cerveau. Ses accès étoient gais ou terribles, felon que fon imagination le rapportoit vers le plaifir qu'il avoit connu, ou vers les maux qu'il s'étoit faits, ou qu'il avoit voulu faire. Tantôt il ordonnoit les apprêts d'une fête brillante, & il lui sembloit entendre de la musique suisse, allemande ou houssarde; il applaudissoit de tout son cœur : il faut avouer que Mgr. avoit le goût un peu barbare. Tantôt il parloit à sa Toinon, que tu es bien, disoit-il, en capitaine de houssard; oh ! si je pouvois apporter une tête sous le fil de ton sabre, garde-le ton sabre; quand tu te batteras avec lui ; mais, capitaine, si tu veux te mesurer avec moi, ne viens au rendez-vous qu'avec le fourreau, je me chargerai de te fournir la lame. Puis il lui juroit de l'aimer & de la servir toujours, mais ses sermens étoient horribles & ses transports pleins de fureur. Tantôt il étoit absorbé dans une profonde rêverie, & quoique, d'après la conduite de son altesse, plusieurs personnes lui aient contesté la faculté de penser, il avoit néanmoins l'air de penser sérieusement à quelque chose. Les noms de Condé, de Conti, de Broglie, de canailles, sortoient de sa bouche ; il demandoit fes armes , & juroît d'en faire belle déconfiture , pourvu qu'on les lui livrât endormis ; on l'entendoit quelquefois crier *feu* , puis il paroiſſoit prêt à s'arracher les cheveux, & s'écrioit , les J. F. ils ne tirent pas. Sa fureur redoubloit encore quand le nom de Lambefc venoit fe préfenter à fa mémoire: va donc te battre , difoit - il , contre des enfans & des femmes; va donc , bravache , calmer l'alarme que tu as donnée ; fans ce b.......- là , avec une pelotte de ficelle & quelques pétards , je faifois danfer mes badauds, je les amenois pieds & poings liés, & je leur apprenois à vivre. Lambefc & fes Allemands ne nous ont fervi qu'à faire danfer Toinon ; puiſſent les Parifiens le leur rendre.... ! à charge de revanche..... Après ces tranfports il retomba dans une morne ftupeur, & les médecins jugerent qu'il étoit anéanti , & qu'il n'avoit plus d'idées. Ce calme ne fut pas long , un bruit de moufquetterie s'étant fait entendre, non loin de

fon appartement, il fe ranima en criant :
« bon ! bon ! voilà la baftille qui tire ,
» aux armes, avançons , nous allons voir
» beau jeu... Ah, dieux ! quel fpectacle…!
» les têtes de mes amis au bout des piques !
» ah, de Launay ! comment t'es tu laiffé
» prendre ? je te croyois intrépide, je
» croyois que tu aimois le fang.. Tu
» n'étois donc pas auffi fcélérat que moi;
» tu as eu peur d'achever le crime;
» homme fans cœur, qu'eft-ce qu'un crime
» de plus dans ta vie? J'avois pourtant
» donné l'exemple des forfaits. Ah, Dieu !
» périffe le ciel qui les défend , & les
» traîtres qui m'ont mal fecondé ! ils
» n'étoient faits que pour des horreurs
» bourgeoifes; mais pour affaffiner en
» grand , je le vois bien , cela ne pou-
» voit être exécuté & conçu que par
» un comte d'Artois ». Après un inftant
de repos , fa rage s'eft rallumée , il croyoit
entendre la Baftille s'écrouler, il la voyoit
tomber , & il craignoit d'être écrafé fous
fes ruines : « Otez-moi, ôtez-moi, difoit-il,

» périrois-je fous ces tours faites pour me
» défendre, & qui auroient dû écrafer les
» monftres devant qui elles fe courbent.
» Enlevez donc ce cadavre, qu'ai-je
» befoin de voir ce de Launay; quelle
» tète hideufe; eh bien, que me veux-
» tu? eft-ce moi qui ai répandu ton
» fang? laiffe-moi, mon bras n'a pu te
» venger, mon fupplice te venge; tu ne
» fens plus rien, & moi je fuis raffafié
» d'opprobre, je vois triompher les en-
» nemis que je détefte; & mon partage
» à moi eft l'exécration publique & l'im-
» puiffance du défefpoir »! On ne con-
çoit pas comment fa frêle exiftence a
réfifté à ce dernier tranfport. Il étoit
dans un état de frénéfie à épouvanter
tout autre que quelques François qui
l'arrêtoient; enfin, des idées plus douces
vinrent égayer fon imagination & l'égarer
dans fa petite maifon de Bagatelle. Il
fe crut dans une orgie qui donna idée
aux Efpagnols de celles qui s'y célé-
broient. A fes ordres les voiles impor-

tuns qui couvroient les jolis corps des filles & des pages tomboient, & monseigneur se mettoit en uniforme, il se mit à provoquer Bacchus & Priape pour ranimer ses sens, & au grand étonnement de l'assemblée, qui ne s'attendoit pas que l'état d'un malade comportât de si grandes choses, ses sens lui obéirent, & la fievre & ses transports firent ce que faisoient jadis les prêtresses de son temple. Alors monseigneur s'agita en mille postures plaisantes, & prouva combien étoit profonde sa science dans l'art des voluptés. Le Saint dom Jérôme, qui l'assistoit dans ces terribles momens, rioit assez des folies qu'il invitoit les pages à venir répéter avec lui; mais quand il parloit aux filles, les raffinemens qu'il vouloit employer & les nouveaux mots qui n'étoient point dans l'ancien dictionnaire d'amour à l'usage du pere, le scandalisoient horriblement & lui paroissoient un peu trop contre nature. Si son altesse en réchappe, je crois bien que le grand inquisiteur ne le tiendra pas quitte à moins d'une rude pénitence. Nous épargnons au lecteur pudique le sel des plaifanteries du prince; on efpere d'ailleurs que l'abbé de Vermont, comme les grands coquins qui lui ont donné l'exemple, fe confeffera dès qu'il aura un peu appris fa religion; & comme on lui foupçonne la plume de l'Arétin avec laquelle même il avoit fu plaire à fa protectrice, il pourra nous donner un tableau plus naïf & plus correctement deffiné des folies qu'il a fouvent partagées. Entre autres propos que fe permettoit fon alteffe, nous avons retenu cette plaifanterie qu'il faifoit d'un homme en France qui, en moins d'un jour, s'étoit fait déclarer pere de vingt-quatre millions d'hommes, & qui, en douze ans, n'avoit perfuadé à perfonne qu'il fût celui de quatre ou cinq marmots que fa femme lui avoit donnés.

Voilà le détail exact du délire du prince & des fcenes qu'il a fait naître. Développons maintenant la caufe intérieure de fa maladie & fes fymptômes d'après le traitement du docteur Sangrado médecin de l'hôpital des Maniaques & pour le moment de S. A. S. Selon le docteur le sang du comte est entiérement brûlé par des exercices violens, & épuisé de tous les principes vitaux par une dissipation trop prompte de ses moyens ; une envie imprudente de se rendre le plus fort tempérament du royaume lui a fait accorder sa confiance à des charlatans qui ont épuisé le peu qu'il avoit de bon sang, pour faire passer dans ses veines des poisons violens & des principes étrangers, ces principes essentiellement destructifs sont devenus chez lui comme constituans son tempérament, & ils sont tellement fondus avec son être que le docteur désespere de les séparer heureusement l'un de l'autre. Par les suites des traitemens auxquels ils'étoit soumis, son sang, à en croire le docteur, s'est changé en un virus si subtil & si contagieux, que si on le répandoit par terre, il la féconderoit infailliblement & en feroit maître des serpens appellés aristocrates.

Voici le régime tel qu'on l'a trouvé dans les papiers du prince.

Potion fortifiante à l'usage du comte d'Artois.

Récipés, dose entiere de poudre à canon, boulets, baïonnettes à proportion, histoire des proscriptions, le tout infusé dans quarante ou cinquante livres de sang commun. Efficace, si la préparation est faite par le maréchal de Broglie & bénie par l'archevêque de Sens.

Autre vomitif.

Cahiers du tiers-état, folio 117, arrêté national du jeu de paume, folio 11.17, décombre de la Bastille, 17 liv., une pincée de foin commun pris dans la bouche de Bertier, infusé dans trois livres d'eau de seine, prise à l'égoût qui a porté à la riviere le sang & les débris du cadavre de Launay.

Autres

Autres pour guérir d'un mal contagieux, appellé Patriotifme.

Récipé , houffards & fuiffes.
Celui-là a été fans effet.

Autre.

Récipé coïtus de la Polignac , cordons , bénéfices , or pur , éducation monacale ; celui-ci a tourné quelques têtes, entr'autres celle du prince. D'après ces renfeignemens, on a voulu eflayer fi la recette du vomitif, à l'ufage du prince , ne produiroit pas quelque chofe fur lui ; le docteur trouvoit dans l'ordre qu'un tempérament , fi différent de celui des autres hommes, fût foumis à un traitement extraordinaire. Au grand étonnement des fpectateurs , le docteur a deviné jufte. On a préparé la potion avec foin, fon effet a été auffi prompt que terrible, & elle a procuré au prince l'évacuation la plus violente. Il paroiffoit dans fes efforts fe déchirer & fe féparer de lui-même. Le premier

poifon dont il fe foit débarraffé même
affez aifément, a été un virus amoureux
très-compofé, mais dans lequel on remar-
quoit facilement une fubftance autri-
chienne : enfuite font forties avec effort
toutes les matieres qu'il s'étoit incor-
porées tant qu'il avoit été foumis au régime féodal. Les unes tenoient de la nature du parchemin & fembloient bigarrées
de caracteres magiques, en vertu defquels
le prince s'enfloit, s'etendoit, tenoit beau-
coup de place ; mais c'étoit une vaine
bouffiffure, & non un embonpoint réel;
il n'avoit qu'une exiftence aérienne, qui
s'eft diffipée avec le vent du préjugé qui
la lui avoit donnée; il a rendu auffi la quin-
teffence de la terrible potion qu'il avoit
prife pour fe donner de la force; &
comme il ne connoiffoit point d'autres
principes actifs que ceux-là quand il en a
été dépouillé, il eft refté fans force. Alors
eft forti un ver folitaire qui fe nourriffoit
dans fon cœur ; ce ver, d'une grandeur

énorme , vouloit dévorer tout ce qui l'en-
touroit , & ne pouvoit rien fouffrir à côté
de lui ; enfin , féparé du fiege de fa vie ,
il eft mort en fe déchirant lui-même. Le
doɛteur affure n'avoir jamais vu tant
d'égoïfme & de defpotifme dans un
ver. Apiès cette crife, le prince eft tombé
dans un état de foibleffe qui fait craindre
férieufement pour fon exiftence ; fes forces
faɛtices l'ont abandonné , les refforts de fa
machine paroiffent diffous , il ne lui refte
plus, dit le doɛteur , qu'une bile âcre qui
le foutient un peu ; cette bile fe reconnoît
à des traits d'orgueil & des defirs de ven-
geance ; & fi on l'en purge , le pauvre
prince court rifque d'être anéanti : dans fa
douloureufe agonie , le charitable dom
Jérôme lui récite des prieres des agonifans,
conformes à fon état, & que nous envoyons
aux François, les invitant chrétiennement
à fe joindre à nous, s'il en eft encore temps ,
quand ils les tecevront.

B 2

ORAISON

Pour le salut du Comte d'Artois.

Partez, esprit aristocrate, du corps de ce prince, au nom du roi restaurateur de la liberté, au nom des François enfans du roi, qui ont souffert jusqu'à présent de la part des aristocrates, au nom de leur courage & de l'esprit de philosophie, qui leur a appris que tous les hommes sont freres, au nom de la nation toute puissante qui, de rien qu'étoient les aïeux du prince, a bien voulu les faire rois & seigneurs, au nom du clergé & de la noblesse réunis à la nation, au nom des princes fuyans devant la nation, au nom des martyrs de la liberté de la nation, au nom des gardes françoises & des gardes suisses, au nom de la milice bourgeoise & de l'assemblée nationale. Puissiez vous, mauvais esprit, vous en aller aujourd'hui au diable, & laisser le prince bien corrigé, rentrer dans Paris, au nom & par les mérites de la nation libre & glorieuse dans tous les siecles des siecles,

Ainsi soit-il.

Voilà, cher lecteur, la piece vraiment curieuse que ma procurée mon rêve; d'après cela j'en reviens à mon commencement, nous pouvons chanter miracle, notre délivrance approche; voilà un grand exemple pour les Espagnols, & une bonne nouvelle pour les François.